W0335039

Die Kunsthandlung Hermann Vogel in der Theaterpassage, Goethestraße 2
(1928 durch das Kroch-Hochhaus ersetzt), um 1900

Hermann Vogel

Leipzig zur Kaiserzeit

Fotografien 1888–1912

Herausgegeben von Christoph Kaufmann

Lehmstedt

lehmstedt **photopocket**

Buchgestaltung: Mathias Bertram, Berlin
Herstellung: Westermann Druck GmbH, Zwickau

© Lehmstedt Verlag, Leipzig 2015 (für diese Ausgabe)
Alle Rechte vorbehalten. Printed in Germany
ISBN 978-3-95797-027-5

Verlagsinformationen: www.lehmstedt.de

Die Fotografien der Kunsthandlung Hermann Vogel

Als dem Stadtgeschichtlichen Museum Leipzig am 25. Mai 1927 etwa 500 Glasnegative von der Kunsthandlung Hermann Vogel angeboten wurden, reagierte man sehr zurückhaltend. Im Eingangsbuch des Museums heißt es unter der Nummer 89: »Von den rund 500 Platten, die zu einem billigen Pauschalpreise übernommen wurden, hat die spätere Bearbeitung erst die engere endgültige Auswahl zu treffen. Nach Inhalt und Erhaltung scheiden viele aus.« Als Kaufpreis vereinbarte man bescheidene 30 Reichsmark. Heute gehört die Sammlung zu den wertvollsten Beständen des Leipziger Museums.

Die traditionsreiche Kunsthandlung Hermann Vogel geht auf das Jahr 1832 zurück. Gustav Hermann Vogel (1824–1904) hatte sich in der Buchhandlung von Rudolf Weigel seine Sporen verdient und war dort zum Prokuristen aufgestiegen. Er übernahm das Geschäft in der Roßstraße 10 im Jahre 1871. Ab 1. April 1879 zog die Buchhandlung in die Goethestraße 2 in ein repräsentatives Ladenlokal um und firmierte fortan als »Commission-, Buchverlags- und Kunsthandlung Hermann Vogel«. Nach dem Tod von Gustav Hermann Vogel im Jahr 1904 übernahm sein Sohn Georg Rudolf Vogel (1862–1946) das Geschäft und setzte es unter dem bisherigen Namen fort. Der Bau des Kroch-Hochhauses 1927/28 erforderte den Umzug in die Goethestraße 7, wo das Unternehmen bis zur Zerstörung des Hauses am 4. Dezember 1943 ansässig war. Emil Vogel, wohl ein Verwandter, führte die Firma in der Bayrischen Straße 26 (heute Arthur-Hoffmann-Straße) durch die Kriegszeit. Einen Neuanfang nach 1945 erlebte das Unternehmen in der Schillerstraße 5. Die Kunsthandlung ist noch bis 1957 im Telefonbuch nachweisbar; heute befindet sich in diesen Räumen die alteingesessene Musikalienhandlung M. Oelsner.

Leipzig war ein umkämpfter Markt für Fotografen. Anders als in Kleinstädten warben hier zahlreiche Mitbewerber um die Gunst des Kunden. Allein im Jahr 1900 zählte das Adressbuch 85 Einträge mit der Berufsbezeichnung »Photograph«. Der Name Vogel findet sich dort allerdings nicht, da sich die Firma in erster Linie als Kunsthandlung verstand und die Fotografie nur einen Randbereich ihrer Geschäftstätigkeit bildete. Wann dieses moderne Medium ins gutbürgerliche Sortiment aufgenommen wurde, ist nicht mehr exakt zu ermitteln, aber im Katalog der Firma von 1884 werden bereits fotografische Reproduktionen von Kunstwerken angeboten; aktuelle Fotografien von Personen, Gebäuden, Straßen und Plätzen sind dagegen noch nicht enthalten. Doch spätestens ab 1890 nahm die Kunsthandlung Hermann Vogel auch Fotografien von Leipziger Sehenswürdigkeiten sowie Porträts interessanter Persönlichkeiten (wie etwa des 1895 ans Gewandhaus berufenen Kapellmeisters Arthur Nikisch) in ihr Sortiment auf. Wer diese Aufnahmen angefertigt hat, wird sich wohl nie herausfinden lassen, da die Fotos lediglich mit dem Aufdruck »Photographie und Verlag von Hermann Vogel« vertrieben wurden.

Entsprechend dem Geschmack der Zeit zeigt die Mehrzahl der überlieferten Motive Sehenswürdigkeiten der Stadt Leipzig. Da die Bilder zum Verkauf bestimmt waren, findet man hier naturgemäß nur die »Schokoladenseiten« der Stadt. Sozialdokumentarische Fotografien sind aus dem Leipzig dieser Zeit nicht überliefert. Einen Fotografen vom Format eines Heinrich Zille (Berlin) oder Louis Held (Weimar) sucht man hier vergebens. Vogel verbreitete die Aufnahmen entweder in Gestalt von großformatigen Lichtdrucken, die auf starke Pappe aufgebracht wurden, oder als kleinformatige Serien mit Handabzügen auf bedrucktem Pappkarton (etwa in der Serie »Leipzig und Umgebung«), ab 1895 dann gern auch als Ansichts- bzw. Autogrammpostkarten.

Das Genre der Architekturfotografie bediente auch Hermann Walter, der ebenso wie Hermann Vogel Postkarten im Eigenverlag herausgab. Die Ähnlichkeit der Motive ist mitunter frappierend – bei den Aufnahmen zur Grundsteinlegung des Reichsgerichtes standen beide Fotografen offenkundig nur wenige Meter voneinander entfernt. Auch von anderen Motiven gibt es eng miteinander verwandte Aufnahmen unterschiedlicher Fotografen – so porträtierte Hermann Vogel beispielsweise das gesamte Gewandhausorchester unter der Leitung von Arthur Nikisch; eine fast identische Aufnahme ist auch vom 1904 gegründeten Fotoatelier Ernst Hoenisch überliefert.

Die Fotografien der Firma Vogel wurden vorwiegend auf Glasplatten im Format 13 x 18 cm hergestellt, denn das war die übliche Plattengröße für Postkarten. Aber auch Negative im Format 18 x 24 cm wurden belichtet. Von diesen Glasplatten befinden sich heute 417 im Bestand des Stadtgeschichtlichen Museums Leipzig, aus dessen Fundus dieses Buch zusammengestellt wurde.

Die Fotografien der Kunsthandlung Hermann Vogel ermöglichen einen faszinierenden Blick auf eine Stadt, die sich im Umbruch befindet. Folgerichtig dominieren im Sortiment die herausragenden Neubauten, auf die man in Leipzig besonders stolz war. Dazu zählten an vorderster Stelle die repräsentativen Gebäude am Augustusplatz, von denen hier die Hauptpost, das Museum der bildenden Künste, das Augusteum der Universität und die Universitätskirche St. Pauli gezeigt werden. Neubauten waren aber ebenso das Grassi-Museum und die Markthalle am Königsplatz, das Reichsgericht an der Harkortstraße und das Neue Rathaus am Martin-Luther-Ring.

In dieser Zeit des Aufbruchs rückten aber auch »alterthümliche« Gebäude in das Interesse der Fotografen. Man findet immer wieder Motive, die unmittelbar vor dem Abriss oder dem Umbau aufgenommen wurden. Dazu gehörten die Mühlen der Stadt, das Paulinum der Universität oder die mittelalterliche Pleißenburg, die an der Wende zum 20. Jahrhundert durch den monumentalen Bau des Neuen Rathauses ersetzt wurde. Aber auch »malerische« Orte wie die Johannisgasse und die Nonnenmühlgasse zählten zum Angebot der Kunsthandlung Vogel. Der wertvolle Bestand an Bauten aus der Barockzeit, von denen viele dem Bau moderner Messepaläste zum Opfer fielen, ist relativ oft vertreten.

Zum Repertoire der Kunsthandlung Hermann Vogel gehörten – in bescheidenem Maße – auch Aufnahmen, die sich den Menschen widmen und erstmals Einblicke in das Alltagsleben der Leipziger zur Kaiserzeit ermöglichen. Es sind Vorläufer eines ganz neuen Genres, der Reportagefotografie. So können wir den Kindern und Erwachsenen beim fröhlichen Schlittschuhlaufen auf dem Schwanenteich zusehen, können uns mit den vergnügungssüchtigen Massen über die Kleinmesse treiben lassen oder uns in das hektische Gewühl der Frühjahrsmesse auf der Petersstraße werfen, erleben förmlich das atemlose Staunen der Zuschauer des Nationalen Ballon-Wettfliegens auf der Radrennbahn an der Frankfurter Straße im Sommer 1910 oder gehen mit dem Fotografen am 26. Mai 1891 ein letztes Mal auf den Wochenmarkt vor dem Alten Rathaus, bevor die Händler endgültig in die neue Markthalle am Königsplatz umziehen.

Obwohl die Fotografie nur einen kleinen Anteil am Geschäft der Kunsthandlung Hermann Vogel ausgemacht hat und nur ein (sehr) kleiner Teil der Vogelschen Fotografien überliefert ist, erinnern die Aufnahmen dieses Bandes an einen bedeutenden Abschnitt in der Geschichte der Leipziger Fotografie. Fast alle Bilder sind Erstveröffentlichungen aus einer Epoche der Stadtgeschichte, die an Dynamik und Innovation ihresgleichen sucht.

Christoph Kaufmann

Jordan
Timäus.
Carl Henke

Der Wochenmarkt der Kleinhändler auf dem Marktplatz vor dem Alten Rathaus, vor 1891

ENGEL-APOTHEKE
CONRAD & CONSMULLER.
JORDAN & TIMAEUS.

Die West- und Nordseite des Marktes, nach 1895

Blick in die Grimmaische Straße Richtung Markt, links das 1558 erbaute »Fürstenhaus«, um 1890

Die Nordseite der Grimmaischen Straße, u.a. mit den Messepalästen Hansahaus (erbaut 1904/06) und Städtischer Handelshof (1908/09), nach 1909

Peter str. 26. Schieferhaus
Hof links Parterre.
Eduard Kanzler
LEIPZIG
Kunstprägerei in Celluloid
Spezialität:
Kleider und Möbelklopfer
D.H. Wagner & Sohn
Spielwaaren-Fabrik
Spazier-
Stockfabrik
Caspar Freitag
BERLIN
24
Paul Kühn
Eisenwaren
H. Föcking & Co Berlin
nur eigene Fabrikate
Stand 9
Richard Behrendt
ERFURT
Leipzig, Peterstrasse

Messebetrieb auf der Petersstraße, im Hintergrund der Markt Ecke Hainstraße, um 1900

Der Burgkeller (abgerissen 1907) am Naschmarkt, vor 1907

Das Haus zum Silbernen Bären (erbaut 1765, abgebrochen 1895), Universitätsstraße 18, Ecke Kupfergäßchen, vor 1895

Das Haus zum Goldenen Apfel (erbaut 1697), Brühl 21, Ecke Plauensche Straße,
links der Erker des Romanushauses (1701/04) an der Katharinenstraße, vor 1910

Das Pelzhaus Heinrich Lomer, die sogenannte »Pelzkirche« (errichtet 1876), Brühl 19, um 1900

Der Blücherplatz mit der Neuen Börse (erbaut 1884/86, vor dem Umbau 1911) und dem Haus des Erbländischen Ritterschaftlichen Creditvereins (1895), um 1900

HOTEL BÖRSE HOTEL
Fahrräder
Sommerlatte
JACOB & BECKER

Der Thüringer Bahnhof (erbaut 1857, abgetragen ab 1907), um 1900

Der Richard-Wagner-Platz mit dem Alten Theater (erbaut 1766, Umbau 1817), vor 1907

Die Pleißenburg (Um- und Ausbau 1550/67) am Martin-Luther-Ring, vor 1897

Der Abriss der Pleißenburg, 1899

Blick von der Karl-Tauchnitz-Brücke zum Reichsgericht (erbaut 1888/95, heute Bundesverwaltungsgericht), davor die Villa Tillmanns (1898/99), aber noch ohne die Villa Seemann (1909/10), um 1905

Die Nonnenmühlgasse mit dem Haus des Kunstverlegers Louis Rocca, im Hintergrund der Turm des Polizeigebäudes (1888/90), nach 1890

Die Markthalle (errichtet 1888/91) an der Markthallenstraße, Ecke Brüderstraße, nach 1891

Das Grassi-Museum (erbaut 1894/95) am Königsplatz mit dem Museum für Völkerkunde und dem Museum für Kunsthandwerk, nach 1895

GRASSI-MVSEVM
KVNSTGEWERBE
FAHRRAD K

 Jahrmarktsbuden vor dem »Panorama« (erbaut 1883/84) am Roßplatz, um 1890

Die Johannisgasse mit ihrer Bebauung aus dem 18. Jahrhundert, um 1890

Hôtel.
Hôtel Wartburg
Restaurant und Café

Der Mägdebrunnen (eingeweiht 1906) auf dem Roßplatz, nach 1906

Augusteum und Paulinerkirche (Umbau 1830/38, vor dem erneuten Umbau ab 1891) und Café Français (1835) am Augustusplatz, um 1890

Der Abriss des Mittelpaulinums (errichtet 1511/13) im Hof des Universitätskomplexes am Augustusplatz, 1893

Das Augusteum (Umbau 1891/97) am Augustusplatz, 1897

 Die Paulinerkirche (Umbau 1897/99) am Augustusplatz, 1899

Blick vom Augustusplatz in die Grimmaische Straße, links das Café Français (erbaut 1835), vor 1897

Das Bankhaus Becker (erbaut 1884) am Augustusplatz, nach 1884

Die Nord- und Ostseite des Augustusplatzes mit dem Neuen Theater (erbaut 1864/67) und der Hauptpost (Umbau 1881/84), davor der Mendebrunnen (eingeweiht 1886), um 1900

Die Ostseite des Augustusplatzes mit der Hauptpost (Umbau 1881/84), dem Geschäftshaus Flinsch (1880), dem Bankhaus Becker (1884) und dem »Niederländischen Haus« (1901/03), um 1905

FERD. FLINSCH

Das Museum der bildenden Künste (erbaut 1856/58, erweitert 1883/86) am Augustusplatz, um 1900

Der 1912 neu eingerichtete Skulpturensaal im Museum der bildenden Künste am Augustusplatz, nach 1912

Grundsteinlegung zum Bau des Reichsgerichts am 31. Oktober 1888

Der Trianongarten des Krystallpalastes (erbaut 1881/82) an der Wintergartenstraße, um 1890

Gartenrestaurant im Krystallpalast an der Wintergartenstraße, um 1890

Schlittschuhläufer auf dem Schwanenteich, um 1900

Nationales Ballon-Wettfliegen auf der Radrennbahn an der Frankfurter Straße, 18. und 19. Juni 1910

Die Wunder der Menschheit.
Kaiser's
Kreppelchen
Bäckerei
URST

Die Kleinmesse auf den Frankfurter Wiesen, um 1910

Das »Neue Concerthaus« (Gewandhaus, erbaut 1882/84) und die Universitätsbibliothek (1887/91) an der Beethovenstraße, nach 1892

Das Mendelssohn-Denkmal (eingeweiht 1892) vor dem Neuen Konzerthaus an der Beethovenstraße, nach 1892

Der »Charlottenhof« an der Friesenstraße, um 1900

Die Einweihung des Scherbelbergturmes im Rosental, 1896

Das Schillerhäuschen (erbaut 1717) an der Menckestraße in Gohlis, um 1890

Im Johannapark (angelegt 1858/63), im Hintergrund rechts der Turm der Trinitatiskirche (erbaut 1844/47), um 1900

Vermessung des Karl-Heine-Kanals in Plagwitz auf dem Dampfschiff »Columbus«, im Hintergrund die Saalfelder Straße mit dem Betriebshof Lindenau der Leipziger Verkehrsbetriebe, um 1905

Beim Bau des Völkerschlachtdenkmals (errichtet 1898-1913), 1907

Gustav Hermann Vogel (6. Dezember 1824 bis 21. November 1904) entstammte einer Leipziger Handwerkerfamilie. Nachdem er sich in der 1832 gegründeten Buchhandlung von Rudolf Weigel seine Sporen verdient und zum Prokuristen aufgestiegen war, übernahm er 1871 das Geschäft und setzte es unter eigenem Namen fort. Ab 1879 befand sich die »Commission-, Buchverlags- und Kunsthandlung Hermann Vogel« in der Goethestraße 2. Die Firma bot ein komplettes Sortiment an Radierungen, Holzschnitten, Ölgemälden, Kunstdrucken alter und neuer Meister an; eine eigene Werkstatt fertigte individuell angepasste Bilderrahmen. Seit etwa 1880 gehörten auch Fotografien zum Sortiment, zunächst als Reproduktionen von Kunstwerken, dann vor allem als Aufnahmen von Leipziger Sehenswürdigkeiten und Porträts prominenter Persönlichkeiten. 1904 übernahm Vogels Sohn Georg Rudolf (22. Oktober 1862 bis 1. März 1946) das Geschäft, das 1927 wegen des Baus des Kroch-Hochhauses in die Goethestraße 7 umzog. Im Zweiten Weltkrieg zerstört, erlebte die Kunsthandlung unter Emil Vogel einen Neuanfang in der Schillerstraße 5, wo sie noch bis 1957 nachweisbar ist.